Structure Practice in RUSSIAN

Nicholas Maltzoff

PASSPORT BOOKS
a division of *NTC Publishing Group*
Lincolnwood, Illinois USA

PREFACE

The structure drills presented here are intended to serve both students and teachers of the Russian language. The student will find in these drills a method for mastering the principal structural patterns that are characteristic of the Russian language but strange or awkward to the English-trained ear—for example, "by me is" instead of "I have." Through repeated oral practice, such typical Russian constructions will come easily—indeed instinctively—and you will be well on your way to speaking Russian with fluency and ease.

For the teacher, these drills will serve as a valuable tool for correcting the mistakes that students most frequently make. To be sure, a good percentage of errors occur because students have not mastered certain grammatical rules. However, it is no doubt the common experience of language teachers that, even though a rule of grammar has been carefully explained and students understand the explanation, they may still fail to apply the rule correctly or consistently. When explanations are no longer appropriate for the correction of a repeated error, the best solution is a concentrated corrective oral drill on the structural pattern that is causing difficulty. Individual students can be referred to different exercises on the basis of their particular types of mistakes. Or when a basic rule of grammar has been explained in class, the relevant drills may be assigned immediately thereafter to the class as a whole to ensure rapid mastery of the structural pattern involved and to obviate difficulties later on.

The structure drills have been designed according to the following principle. For each typical structure, two columns of words or phrases are given. Any one of the words or phrases in the left-hand column may be complemented by any word or phrase in the right-hand column. The result in each case is a complete sentence that illustrates the structural pattern in question. If there are, say, ten items in each column, then a total of one hundred sentences can be formed—one hundred different examples of a specific type of construction. By multiplying in this way the number of examples for any pattern, students are spared the monotony of repeating the same sentence many times. By reciting, rereading, and memorizing these varied and abundant illustrations, students will acquire an instinctive feeling for the language and be able to form a sentence automatically.

These structure drills do not necessarily have to be used in a classroom. They will be of help to any student who wants to speak and write correctly and fluently.

N. MALTZOFF

HOW TO USE
THE STRUCTURE DRILLS

The exercises are divided into four parts:

    I. Drills on typical structure patterns, such as "it is necessary to me."

    II. Drills on declensions.

    III. Drills on conjugations.

    IV. A workbook for self-testing or classroom use.

Students should work independently on a particular pattern for three to five minutes, depending on the length of the material provided. They should read aloud, combining any expression in the left-hand column with any one in the right-hand column. The following example will serve to illustrate some of the possible combinations that may be formed.

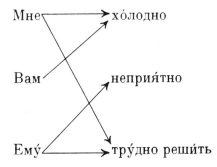

In a few instances, an exercise contains three columns of expressions. The phrases in each column may be combined in a similar fashion.

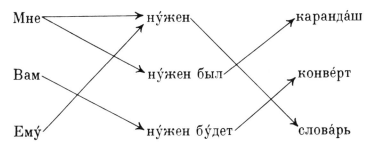

When students have completed their practice on a particular pattern, they can test themselves by using Part IV, in which the same patterns are reproduced except that endings have been omitted or phrases have been replaced with "key words" intended to recall them.

If used in the classroom, oral practice should be conducted with Part IV. After this drill with key words is completed, students may be asked to recall complete sentences with their books closed or to improvise sentences along the same pattern.

This book can be used as soon as the declension of nouns and adjectives in the singular has been covered. Where phrases contain inflected parts of speech that normally come in the latter part of a first-year course, they can be temporarily omitted in drills. For convenience such forms are either set off in a separate paragraph or are placed in the lower part of the right-hand column. The vocabulary used throughout the drills is limited almost entirely to those words which are normally learned in the course of the first semester. The relatively few words that do not meet this test are presented in a glossary at the back of the book.

CONTENTS

PAGE

Preface   iii

How to Use the Structure Drills   v

Part I: Characteristic Russian Sentences   **1**

¶   **1.**   Type I. Expressions with the Verb "to be"   2

2–3.   Type II. Expressions of Possession   2

4.   Type III. Expressions of "not having"   3

5–6.   Type IV. Expressions with the Subject in the Dative Case   3

7–9.   Type V. Expressions with Short Adjectives   4

10–13.   Type VI. Expressions of "needing"   4

14.   Type VII. Expressions of Obligation   5

15–16.   Type VIII. Negative Expressions   5

17.   Type IX. The Position of "ли"   6

18.   Type X. The Use of "чтóбы" with Infinitives   6

19.   Type XI. The Use of "чтóбы" with the Past Tense   7

20.   Type XII. The Conditional Mood   7

21.   Type XIII. The Use of "то" with Prepositions   7

22–23.   Type XIV. Expressions of Time   8

Part II: Cases   **9**

24–33.   The Genitive Case   10

34–39.   The Dative Case   13

40–46.   The Accusative Case   15

47–52.   The Instrumental Case   17

53–57.   The Prepositional Case   19

Part III: Verbs   **21**

Introductory Note   22

¶   **58.**   Читáть—Прочитáть   25

59. Писа́ть—Написа́ть   26

60. Говори́ть—Поговори́ть   27

61. Говори́ть—Сказа́ть   28

62. Спра́шивать—Спроси́ть   29

63. Отвеча́ть—Отве́тить   30

64. Проси́ть—Попроси́ть   31

65. Ку́шать—Ску́шать   32

66. Знать—Узна́ть   33

67. Ви́деть—Уви́деть   34

68. Жить   35

69. Итти́—Пойти́   36

70. Е́хать—Пое́хать   37

71. Ходи́ть   38

72. Е́здить   39

Part IV: Self-Study/Classroom Workbook   **41**

Glossary   71

Part I

CHARACTERISTIC RUSSIAN SENTENCES

Type I.   Expressions with the Verb "to be"

The present tense of the verb "to be" is not used in Russian. However, the past and the future tenses of "to be" must be expressed.

1. Я   здесь

Он был   тут

Она́ бу́дет   до́ма

Мы   в кла́ссе

Вы бы́ли   в саду́

Они́ бу́дут   на по́чте

Type II.   Expressions of Possession

To express possession ("I have the book"), the Russian says "by me is the book," i.e., **у меня́ кни́га.** Adding **есть** usually emphasizes ownership or existence. Thus, "I have *a* book" is translated: **у меня́ есть кни́га.**

Был, была́, бы́ло, and **бы́ли** are used with the past tense.

Бу́дет and **бу́дут** are used with the future.

2. У меня́   (есть)   дом

У вас   (есть)   сад

У него́   (есть)   кни́га

У неё   (есть)   тетра́дь

У нас   (есть)   перо́

У них   (есть)   ме́сто

3. У меня́   был биле́т

У вас   была́ програ́мма

У бра́та   бы́ло ме́сто

У сестры́   бы́ли де́ньги

У отца́   бу́дет биле́т

У ма́тери   бу́дут програ́ммы

Type III. Expressions of "not having"

The idea of "not having" is expressed by saying у меня нет. . . . Нет (*past:* не было; *future:* не будет) must be followed by the genitive case.

4. У меня	нет	урока
У вас		словаря
У него		карты
У неё	не было	лекции
У нас		собраний
У них		времени
У тебя	не будет	экзаменов

Type IV. Expressions with the Subject in the Dative Case

A common type of sentence in Russian has the logical subject in the dative case. Thus, "I am cold"—мне холодно (*lit.* "it is cold to me"); "I must"—мне надо (*lit.* "it is necessary to me"). The dative is also used to express age: "I am 21 years old"—мне 21 год (*lit.* "to me are 21 years").

5. Мне	холодно
Вам	неприятно
Ему	трудно решить
Ей	21 год
Брату	23 года
Сестре	25 лет

6. Вам	надо итти
Им	надо ехать
Ученику	надо работать
Ученицам	надо было работать
Ученикам	надо будет работать

Type V. Expressions with Short Adjectives

A short adjective can be used only as a predicate.

7. Я	готóв	8. Я	готóва
Он	рад	Онá	рáда
Я был	здорóв	Онá былá	здорóва
Он бýдет	довóлен	Онá бýдет	довóльна

9. Мы	готóвы
Вы	рáды
Они́ бы́ли	здорóвы
Они́ бýдут	довóльны

Type VI. Expressions of "needing"

"I need," "I needed," "I will need" are translated: **мне нýжен, мне нýжен был, мне нýжен бýдет.** Note agreement in gender and in number below.

10. Мне	нýжен	карандáш
Вам	нýжен был	конвéрт
Емý	нýжен бýдет	словáрь
11. Ей	нужнá	кóмната
Нам	нужнá былá	квартúра
Им	нужнá бýдет	мéбель
12. Брáту	нýжно	перó
Сестрé	нýжно бы́ло	крéсло
Тебé	нýжно бýдет	мéсто
13. Почемý	нужны́	дéньги
Зачéм	нужны́ бы́ли	докумéнты
Для чегó	нужны́ бýдут	бумáги

Type VII. Expressions of Obligation

"I must," "I had to," "I will have to" may be expressed in Russian by **я до́лжен, я до́лжен был, я до́лжен бу́ду**. Note agreement in gender and number.

14. Я до́лжен   рабо́тать

Я до́лжен был

Я до́лжен бу́ду   пойти́

Он до́лжен

Он до́лжен был   пое́хать

Он до́лжен бу́дет

Она́ должна́   уйти́

Она́ должна́ была́

Она́ должна́ бу́дет   уе́хать

Мы должны́

Мы должны́ бы́ли   спроси́ть

Мы должны́ бу́дем

Вы должны́   притти́

Вы должны́ бы́ли

Вы должны́ бу́дете   прие́хать

Они́ должны́

Они́ должны́ бы́ли   отве́тить

Они́ должны́ бу́дут

Type VIII. Negative Expressions

A double negative must be used in Russian.

15. Я   ничего́ не де́лал

Он   ничего́ не слы́шал

Мой брат   ничего́ не реши́л

Его́ друг   ничего́ не сказа́л

Э́тот челове́к   ничего́ не знал

Type VIII. Negative Expressions (Continued)

16. Мы   никогда́ не рабо́тали там

    Они́   никогда́ не говори́ли по-ру́сски

    Мои́ бра́тья   никогда́ не чита́ли э́то

    Его́ друзья́   никогда́ не жи́ли там

    Э́ти лю́ди   никогда́ ничего́ не де́лали

Type IX. The Position of "ли"

"Whether" is translated by ли. This particle must follow the word which is being questioned.

17. Я спроси́л   идёт ли он

    Он хо́чет знать   есть ли здесь рестора́н

    Она́ спроси́ла   откры́т ли банк

    Мы не зна́ем   прие́хал ли учи́тель

    Вы спроси́ли   хоро́шая ли э́то шко́ла

    Они́ хоте́ли знать   далеко́ ли э́то

Type X. The Use of "чтобы" with Infinitives

Чтобы is used with the infinitive when it means "to" or "in order to." It may be omitted.

18. Я иду́   (чтобы) купи́ть шля́пу

    Она́ пошла́   позвони́ть домо́й

    Он пойдёт   отдыха́ть к себе́

    Я е́ду   чтобы доста́ть де́нег

    Она́ пое́хала   чтобы всё узна́ть

    Мы пое́дем   чтобы поговори́ть с ним

Type XI. The Use of "чтобы" with the Past Tense
Чтобы is used with the past tense to express wish or command.

19. Я хочу́

Учи́тель хо́чет

Она́ не хоте́ла

Мы хоти́м

Вы хоти́те

Они́ не хотя́т

чтобы он был там

чтобы все рабо́тали

чтобы все зна́ли об э́том

чтобы он сиде́л там

чтобы она́ приходи́ла ра́но

чтобы э́то бы́ло так

Type XII. The Conditional Mood
In the conditional mood, the verb stands in the past tense
with the particle **бы** added.

20. Если бы я написа́л

Если бы она́ хоте́ла

Если бы вы позвони́ли

Если бы мы не забы́ли написа́ть

Если бы не́ было по́здно

он бы пришёл

то они́ бы прие́хали

она́ пришла́ бы

то они́ бы пришли́

то он прие́хал бы

Type XIII. The Use of "то" with Prepositions
The prepositions **до** and **по́сле** govern the genitive case;
пе́ред, the instrumental. When they are used to introduce a
subordinate clause in a complex sentence, they are followed by
the particle **то**, which takes the case required by the given
preposition.

21. Я прие́хал до того́

Мой брат пришёл до того́

Она́ позвони́ла по́сле того́

Мы поговори́ли по́сле того́

Вы ви́дели его́ пе́ред тем

Они́ уе́хали пе́ред тем

что он уе́хал

что она́ ушла́

как пришло́ его́ письмо́

что э́то случи́лось

что пришёл по́езд

как парохо́д ушёл

Type XIV. Expressions of Time

The following expressions are used to tell time.

1. Up to and including the half-hour: **4:20—двáдцать минýт пя́того**, *lit.* twenty minutes of the fifth (hour).

2. After the half-hour: **4:40—без двадцати́ пять**, *lit.* five without twenty (minutes).

22. Однá минýта	пéрвого
Две минýты	второ́го
Три минýты	тре́тьего
Пять минýт	четвёртого
Дéсять минýт	пя́того
Чéтверть	шесто́го
Двáдцать минýт	седьмо́го
Двáдцать пять минýт	восьмо́го
Полови́на	девя́того
Тепéрь почти́ полови́на	деся́того
Сейчáс то́лько чéтверть	оди́ннадцатого
Ужé полови́на	двенáдцатого
23. Без одно́й минýты	час
Без двух минýт	два
Без трёх минýт	три
Без четырёх минýт	четы́ре
Без пяти́	пять
Без десяти́	шесть
Без чéтверти	семь
Без двадцати́	во́семь
Без двадцати́ пяти́	дéвять
Ужé без пяти́	дéсять
Тепéрь почти́ без десяти́	оди́ннадцать
Сейчáс то́лько без двадцати́	двенáдцать

Part II

CASES

The Genitive Case

The genitive is used:

1. Mainly to answer the questions "of whom," "whose," "of what."

2. After many prepositions: **без, вмéсто, для, до, из, из-за, крóме, мúмо, насчёт, óколо, от, пóсле, посредú, прóтив, с, у.**

3. In negative constructions, especially after **нет, нé было, не бýдет.**

4. To express quantity, i.e., after **мнóго, мáло, фунт...** (with the *genitive singular* or *plural*); after 2, 3, 4 and their compounds—22, 34 . . . (with the *genitive singular*); and after all other numerals except 1 (with the *genitive plural*).

5. After some verbs, such as **боя́ться, пугáться, касáться, слýшаться, избегáть.**

6. In time expressions.

24. Там	дом моегó брáта
Вот	автомобúль вáшего учúтеля
Э́то	кóмната моéй сестры́
Здесь	сад её тёти
Напрáво	шкóла мои́х ученикóв
Налéво	столóвая ваших учени́ц
25. На столé	план нáшего гóрода
Там	кáрта Росси́и
Где нахóдится	кóпия письмá
У нас есть	расписáние поездóв
Здесь	спи́сок рýсских слов

26. Я иду́ туда́   до за́втрака

     Он идёт   по́сле обе́да

     Он е́дет   вме́сто сестры́

     Мы е́дем   без пальто́

     Она́ пришла́   без неё

     Мы прие́хали   вме́сто них

     Мо́жно пое́хать   чтобы   поговори́ть   насчёт

                                э́того

27. Я е́хал   от до́ктора

     Он шёл   о́коло ча́са

     Мы е́хали   из э́той дере́вни

     Они́ шли   ми́мо широ́кой реки́

28. Я рабо́таю   у дя́ди

     Он рабо́тает   с понеде́льника

     Мы рабо́таем   про́тив по́чты

     Я рабо́тал   среди́ по́ля

     Вы рабо́тали   все дни, кро́ме воскресе́нья

     Я бу́ду рабо́тать   о́коло пяти́ неде́ль

29. Сего́дня нет   второ́го уро́ка

     Вчера́ не́ было   газе́ты

     За́втра не бу́дет   ру́сской ле́кции

     У́тром нет   сочине́ния

     Днём не́ было   двух уро́ков

     Ве́чером не бу́дет   газе́т

     Я не чита́л   ле́кций

     Мы не чита́ли   сочине́ний

30. Он купи́л | два но́вых костю́ма

Он принёс | четы́ре конве́рта

Он доста́л | фунт хле́ба

Он взял | два словаря́

Она́ купи́ла | три кни́ги

Она́ принесла́ | две тетра́ди

Она́ доста́ла | немно́го бе́лого вина́

Она́ взяла́ | шесть стака́нов

Я куплю́ | пять словаре́й

Он принесёт | мно́го карандаше́й

Мы доста́нем | не́сколько книг

Они́ возьму́т | ма́ло веще́й

31. Он слу́шается | меня́

Она́ избега́ет | его́

Они́ боя́тся | её

Э́то не каса́ется | нас

32. Я прие́хал | 1-го ма́рта

Он уе́хал | 22-го апре́ля

Она́ уе́хала | 9-го ма́я 1956-го го́да

Они́ прие́хали | 3-го ию́ня

Я прие́ду | о́коло двух часо́в

Он прие́дет | до пяти́

Мы уе́дем | о́коло десяти́

Они́ уе́дут | по́сле трёх

Он вернётся | до четырёх часо́в

Note: When the day of the month is the subject of a sentence, it stands in the nominative case.

33. Сего́дня | пе́рвое октября́

Вчера́ бы́ло | девя́тое а́вгуста

За́втра бу́дет | пя́тое января́

The Dative Case

The dative is used:

1. Mainly to answer the questions "to whom," "to what."

2. After a number of verbs denoting an action in the direction of a person or an object.

3. After the prepositions к and по.

4. In time expressions.

Note: For other uses of the dative, see Part I, Types IV and VI.

34. Я пишу́ — моему́ бра́ту

Она́ дала́ кни́гу — его́ дру́гу

Мы заплати́ли — ру́сскому учи́телю

Он сказа́л э́то — ва́шей сестре́

Они́ помогли́ — э́тим ученика́м

Не меша́йте — тем лю́дям

35. Он отвеча́ет — ему́

Э́то принадлежи́т — ей

Он подари́л кни́гу — им

Они́ напо́мнили — нам

Он хо́чет посове́товать — вам

На́до напо́мнить — тебе́

36. Я иду́ — к её бра́ту

Он е́дет — к прия́телю

Она́ пошла́ — к реке́

Он пое́хал — к но́вой ста́нции

Она́ пое́хала — к тому́ о́зеру

Мы пошли́ — к мо́рю

Я пойду́ — к э́тому зда́нию

37. Я иду́   по бульва́ру

Он хо́дит   по ва́шей у́лице

Я е́ду   по шоссе́

Он е́здит   по доро́ге

Он шёл   к дру́гу

Я ходи́л   к его́ сестре́

Он пойдёт   к до́ктору

38. Он рабо́тает   по понеде́льникам

Я прихожу́   по вто́рникам

Она́ приезжа́ет   по среда́м

Мы отдыха́ем   по четверга́м

Они́ игра́ют   по пя́тницам

Вы не рабо́таете   по субб́отам

Я рабо́тал   по воскресе́ньям

Он бу́дет рабо́тать   по утра́м

39. Приходи́те   к ча́су

Приезжа́йте   к трём часа́м

Пусть он придёт   к двум

Пусть они́ прие́дут   к восьми́

Я верну́лся   к за́втраку

Мы вернёмся   к у́жину

The Accusative Case

The accusative is used:

1. Mainly to answer the questions "whom," "what" (as the *direct object*).

2. After the prepositions про, че́рез and a few others.

3. After the prepositions в, на, за, and под—when motion is expressed.

4. In time expressions.

40. Он зна́ет	э́тот магази́н
Они́ лю́бят	э́того ученика́
Он и́щет	э́ту да́му
Вы ви́дели	на́шу у́лицу
Она́ зна́ла	но́вую доро́гу
Вы нашли́	э́ту шко́лу
Он уви́дел	э́ту це́рковь
Он уви́дит	меня́
Она́ найдёт	их
41. Я чита́ю	э́ти кни́ги
Он посла́л	те тетра́ди
Она́ нашла́	упражне́ния
Мы получи́ли	его́ пи́сьма
Я прочита́л	инстру́кции
Они́ получи́ли	газе́ты
42. Я говорю́	про на́ши экза́мены
Он пи́шет	про ва́ших ученико́в
Я говори́л	про учени́ц
Он писа́л	про после́дние собра́ния
Она́ написа́ла	про вас
Он напи́шет	про нас
Мы напи́шем	про них

43. Я иду́   в тот банк

Я е́ду   за го́род

Она́ пое́хала   че́рез у́лицу

Мой друг пошёл   в дере́вню

Сестра́ пое́хала   на ста́нцию

Он пое́дет   в э́то зда́ние

44. Я кладу́ э́то   под стол

Они́ положи́ли э́то   под слова́рь

Мы поло́жим э́то   под кни́гу

Положи́те э́то   под письмо́

Не клади́те э́то   под газе́ты

45. Я рабо́тал   оди́н год

Мы жи́ли там   два ме́сяца

Он провёл там   весь февра́ль

Они́ бу́дут жить здесь   одну́ неде́лю

Вы бу́дете рабо́тать   не́которое вре́мя

Она́ проведёт там   всю зи́му

46. Я пришёл   на час

Он прие́хал   за час до него́

Мы прие́дем   че́рез час

Они́ прие́дут   во вто́рник

Я приду́   в сре́ду

Они́ ушли́   на мину́ту

Она́ ушла́   на два́дцать мину́т

Вы уе́дете   в воскресе́нье

The Instrumental Case

The instrumental is used:

1. In answer to the questions "by whom," "with what."

2. After the prepositions ме́жду, над, пе́ред, and с.

3. After the prepositions за and под when they express location; also after за when fetching is implied.

4. After a number of verbs: стать, сде́латься, кома́ндовать, заве́довать, управля́ть, пра́вить, интересова́ться, (быть).

5. In time expressions (adverbialized form).

47. План зако́нчен   его́ дру́гом

Рабо́та на́чата   на́шей компа́нией

Де́ло на́чато   им

Рабо́та зако́нчена   ва́ми

Газе́ты полу́чены   мной

Кни́ги бы́ли и́зданы   на́ми

48. Я живу́   над ни́ми

Он живёт   за го́спиталем

Мы рабо́таем   ме́жду ле́сом и по́лем

Они́ рабо́тали   под кры́шей

Вы жи́ли   за ста́рой пло́щадью

49. Я прихожу́   с её бра́том

Он прихо́дит   с ру́сским учи́телем

Вы прихо́дите   за газе́той

Они́ прихо́дят   пе́ред за́втраком

Я приезжа́ю   с мое́й сестро́й

Она́ приезжа́ет   с тремя́ ученика́ми

Мы приезжа́ем   за деньга́ми

50. Он был | пе́рвым ученико́м

Он стал | дире́ктором фа́брики

Он сде́лался | че́стным челове́ком

51. Он пра́вил | ру́сским та́нком

Он управля́л | америка́нским та́нком

Он кома́ндовал | англи́йским та́нком

52. Я написа́л э́то | у́тром

Он прочита́л э́то | днём

Мы бы́ли там | ве́чером

Вы рабо́тали | но́чью

Я прие́хал | весно́й

Они́ уе́хали | ле́том

Он бу́дет там | о́сенью

Они́ бу́дут там | зимо́й

The Prepositional Case

This case is used only after prepositions:

1. With **о** (**об, óбо**) and **при.**
2. With **в** and **на** when they express location.
3. With **в** and **на** in time expressions.

53. Он рассказа́л   о том слу́чае

Я слы́шал   о ва́шем докла́де

Он вспо́мнил   об э́том экза́мене

Она́ говори́ла   о но́вой пье́се

Мы ду́мали   о той ве́щи

Я расскажу́   о его́ письме́

Мы напо́мнили   о двух ученика́х

Они́ напи́шут   о вас

Мо́жно напо́мнить   о них

На́до написа́ть   о ней

54. Я живу́   при ле́тней шко́ле

Э́тот рестора́н   при большо́м заво́де

На́ша конто́ра   при фа́брике

55. Он сказа́л э́то   при на́шем учи́теле

Она́ повтори́ла всё   при пе́рвом слу́чае

Они́ рассказа́ли об э́том   при свиде́телях

Скажи́те э́то   при мне

Повтори́те э́то   при нас

Расскажи́те об э́том   при них

56. Я жду его   в го́роде

Он ждал их   в саду́

Я встре́тил его   в ко́мнате

Она́ ви́дела меня́   в конто́ре

Он был   на у́лице

Он рабо́тал   на заво́де

Вы встре́тили нас   на вокза́ле

Они́ встре́тились   на фа́брике

Мы ви́делись   на по́чте

Он бу́дет   на ста́нции

Мы бу́дем рабо́тать   в пяти́ ми́лях отсю́да

57. Он прие́хал   на про́шлой неде́ле

Она́ уе́хала   на э́той неде́ле

Э́то случи́лось   в ма́е

Я верну́лся   в а́вгусте

Они́ жени́лись   в 1956-м году́

Part III

VERBS

INTRODUCTORY NOTE

The main purpose of the exercises in Part III is to develop a facility in using some very important verbs. Most of them are irregular and some, like the four verbs of motion, are a source of frequent mistakes.

For each verb there are normally five groups of expressions in the left-hand column, which cover singular and plural forms in the present, past (imperfective and perfective) and future (imperfective and perfective). These five groups are coded as follows:

Н *stands for* настоя́щее вре́мя—present tense.

ПН *stands for* проше́дшее несоверше́нное—past imperfective.

ПС *stands for* проше́дшее соверше́нное—past perfective.

БН *stands for* бу́дущее несоверше́нное—future imperfective.

БС *stands for* бу́дущее соверше́нное—future perfective.

In the right-hand column, there are similarly five groups of complementary expressions numbered in sequence (1) through (5). Initially, each group of expressions in the left-hand column is to be combined with the group directly opposite. Thus the normal pattern for combinations is as follows: **Н—1, ПН—2, ПС—3, БН—4,** and **БС—5.** However, it frequently happens that a complementary group of expressions in the right-hand column can be combined not only with the primary group directly opposite but with other groups in the left-hand column as well. Thus a list of variants (**вариа́нты**) is given at the end of each verb drill to indicate how the number of combinations may be increased. For example, the notation **БН—1, 5** indicates that the future imperfective forms in group **БН** (which are normally combined with group 4), may also be combined with groups 1 and 5.

The expressions appearing in the right-hand column do not illustrate any specific grammatical rule. They represent rather the logical complement to the primary part of the sentence in the left-hand column. They have been selected because they sound most natural or are likely to be phrases which are the first to come to the speaker's mind. For example:

I am writing . . . 1. a letter

2. to the doctor

3. home

etc.

In terms of syntax, the *primary part* of a sentence (the expression in the left-hand column) will be the subject and the predicate, and the secondary part of the sentence, one of the following:

1. A direct object, answering кого? что?

    E.g.: Что вы читаете?—Я читаю **книгу**

2. A direct object plus noun-complement, answering кого? что?

    E.g.: Что он читал?—Он читал **книгу брата.**

3. An indirect object, answering кому?

    E.g.: Кому вы пишете?—Я пишу **другу.**

4. An indirect object with prepositions, answering с кем? о чём? насчёт чего? . . .

    E.g.: С кем вы говорили?—Я говорил **с учителем.**

5. An adverb or adverbial expression of place, answering где? куда? . . .

    E.g.: Где он работает?—Он работает **дома.**

6. An adverb or adverbial expression of time, answering когда? как долго? . . .

    E.g.: Когда она приехала?—Она приехала **вчера.**

7. An adverb or adverbial expression of manner, answering как? . . .

    E.g.: Как он говорит?—Он говорит **хорошо.**

8. A verb-complement, answering что? (что делать?)

    E.g.: Что вы его попросили?—Я попросил его **приехать сюда.**

9. A subordinate clause, answering что? почему? . . .

    E.g.: Что вы сказали?—Я сказал, **где я живу.**

    E.g.: Почему они не пошли?—Они не пошли, **потому что было поздно.**

10. A subordinate clause, expressing a wish, answering **что?**
    E.g.: Что вы хотите?—Я хочу, **чтобы он позвонил.**

11. A subordinate clause with the particle **ли** answering **что?**
    E.g.: Что она спросила?—Она спросила, **иду ли я.**

Note 1: It will happen that with a particular verb there will be more than one answer to **что.**

    E.g.: (*dir. obj.*) Что вы пишете?—Я пишу письмо.

        (*sub. cl.*) Что вы написали?—Я написал, что я еду.

The answers may often be interchanged, if desired. However, special attention should be paid then to keep the answers in the same tense as the questions. The answers should also be kept logical: e.g., **завтра** can obviously be only used with the future.

Note 2: In five instances—for example, with the past perfective of **говорить**—it has been necessary to divide the columns of *personal pronouns* with a dotted line to prevent the formation of incongruous sentences like "I spoke with me." The dotted line indicates that not all combinations can be made across the line.

58. **Читáть, Прочитáть** (что? кому? о чём? ... когдá?)

Н. Я читáю   нóвый журнáл   (1)

    Он читáет   рýсскую книгу

    Мы читáем   егó письмó

    Вы читáете   эту газéту

    Они читáют   эти расскáзы

ПН. Я читáл   моемý дрýгу   (2)

    Он читáл   вáшему сыну

    Мы читáли   егó знакóмой

    Вы читáли   её подрýге

    Они читáли   нáшим дéтям

ПС. Я прочитáл   письмó брáта   (3)

    Онá прочитáла   книгу сестры

    Мы прочитáли   расскáз учителя

    Вы прочитáли   письма учеников

    Они прочитáли   открытки друзéй

БН. Я бýду читáть   о Россúи   (4)

    Он бýдет читáть   об Амéрике

    Мы бýдем читáть   про Москвý

    Вы бýдете читáть   насчёт этого

    Они бýдут читáть   про всё

БС. Я прочитáю это   зáвтра   (5)

    Он прочитáет это   сегóдня

    Мы прочитáем это   в понедéльник

    Вы прочитáете это   во втóрник

    Они прочитáют это   в срéду

(Вариáнты: **Н—2; ПН—3; БН—1, 5.**)

59. Писа́ть, Написа́ть (что? кому́? куда́? о ком?)

Н.	Я пишу́	письмо́	(1)
	Он пи́шет	расска́з	
	Мы пи́шем	но́вую кни́гу	
	Вы пи́шете	адреса́	
	Они́ пи́шут	э́ти упражне́ния	

ПН.	Я писа́л	до́ктору	(2)
	Он писа́л	ру́сской учи́тельнице	
	Мы писа́ли	ва́шему дру́гу	
	Вы писа́ли	моему́ знако́мому	
	Они́ писа́ли	мое́й сестре́	

ПС.	Я написа́л	, где он живёт	(3)
	Ты написа́л	, что он прие́дет	
	Мы написа́ли	, когда́ мы придём	
	Вы написа́ли	, что на́до де́лать	
	Они́ написа́ли	, что́бы он не беспоко́ился	

БН.	Я бу́ду писа́ть	в Вашингто́н	(4)
	Он бу́дет писа́ть	в Ки́ев	
	Мы бу́дем писа́ть	в Росси́ю	
	Вы бу́дете писа́ть	домо́й	
	Они́ бу́дут писа́ть	туда́	

БС.	Я напишу́	о вас	(5)
	Он напи́шет	о ней	
	Мы напи́шем	о нём	
	Она́ напи́шет	о них	
	Вы напи́шете	о́бо мне	
	Они́ напи́шут	о нас	

(Вариа́нты: Н—4; ПС—1; БС—2, 3.)

60. Говори́ть, Поговори́ть (о чём? где? с кем? как? когда́?)

Н.	Я говорю́	о его́ письме́ **(1)**
	Мой друг говори́т	о ва́шей рабо́те
	Мы говори́м	о на́шем го́роде
	Вы говори́те	про кварти́ры
	Они́ говоря́т	про свои́х дете́й
ПН.	Я говори́л	там **(2)**
	Он говори́л	здесь
	Мы говори́ли	тут
	Вы говори́ли	на э́том ве́чере
	Они́ говори́ли	в его́ до́ме
ПС.	Я поговори́л	с ва́ми **(3)**
	Он поговори́л	с ней
	Мы поговори́ли	с ним
	Она́ поговори́ла	с ни́ми
	Вы поговори́ли	со мной
	Они́ поговори́ли	с на́ми
БН.	Я бу́ду говори́ть	по-ру́сски **(4)**
	Она́ бу́дет говори́ть	по-англи́йски
	Мы бу́дем говори́ть	по-францу́зски
	Вы бу́дете говори́ть	по-неме́цки
	Они́ бу́дут говори́ть	по-испа́нски
БС.	Я поговорю́ с ним	сего́дня **(5)**
	Он поговори́т с ним	ско́ро
	Мы поговори́м с ним	за́втра
	Вы поговори́те с ним	по́сле обе́да
	Они́ поговоря́т с ним	пе́ред у́жином

(Вариа́нты: **Н—4; ПН—1; БН—2, 5.**)

61. Говори́ть, Сказа́ть   (что? кому́?)

Н. Я говорю́	пра́вду	**(1)**
Он говори́т	то, что на́до	
Мы говори́м	э́то	
Вы говори́те	непра́вду	
Они́ говоря́т	то же са́мое	
ПН. Я говори́л	на́шему знако́мому	**(2)**
Он говори́л	своему́ сы́ну	
Мы говори́ли	его́ дру́гу	
Вы говори́ли	но́вым рабо́чим	
Они́ говори́ли	мои́м сосе́дям	
ПС. Я сказа́л ему́	притти́ сего́дня	**(3)**
Она́ сказа́ла ему́	не приходи́ть за́втра	
Мы сказа́ли ему́	прие́хать ра́но	
Вы сказа́ли ему́	не приезжа́ть ве́чером	
Они́ сказа́ли ему́	позвони́ть у́тром	
БН. Я бу́ду говори́ть им	, что де́лать	**(4)**
Он бу́дет говори́ть им	, как е́хать	
Мы бу́дем говори́ть им	, куда́ итти́	
Вы бу́дете говори́ть им	, как на́до е́хать	
Они́ бу́дут говори́ть им	, как ну́жно итти́	
БС. Я скажу́ ему́	, что́бы он пришёл	**(5)**
Моя́ сестра́ ска́жет ему́	, что́бы он прие́хал	
Мы ска́жем ему́	, что́бы он пое́хал туда́	
Вы ска́жете ему́	, что́бы он подожда́л	
Они́ ска́жут ему́	, что́бы он пошёл туда́	

(Вариа́нты: **ПС—4; ПН—1; БС—2, 3.**)

62. Спра́шивать, Спроси́ть (что? кого́?—когда́? кого́? насчёт чего́? . . .)

Н. Я спра́шиваю , зна́ет ли он (1)

Он спра́шивает , е́дет ли она́

Мы спра́шиваем , иду́т ли они́

Вы спра́шиваете , пойдёт ли он

Они́ спра́шивают , по́мнит ли она́

ПН. Я спра́шивал вас в суббо́ту (2)

Он спра́шивал её во вто́рник

Мы спра́шивали его́ у́тром

_ _ _ _ _ _ _ _ _ _ _ _ _ _ _ _ _

Она́ спра́шивала их днём

Вы спра́шивали меня́ вчера́

Они́ спра́шивали нас ве́чером

ПС. Я спроси́л , где он живёт (3)

Он спроси́л , когда́ по́езд отхо́дит

Мы спроси́ли , почему́ он ничего́ не сказа́л

Вы спроси́ли , ско́лько э́то сто́ит

Они́ спроси́ли , как его́ фами́лия

БН. Я бу́ду спра́шивать моего́ учи́теля (4)

Он бу́дет спра́шивать ва́шего ученика́

Мы бу́дем спра́шивать на́шего профе́ссора

Вы бу́дете спра́шивать мои́х ученико́в

Они́ бу́дут спра́шивать ва́ших учителе́й

БС. Я спрошу́ насчёт па́спорта (5)

Он спро́сит насчёт ви́зы

Мы спро́сим насчёт докуме́нта

Вы спро́сите о́бо всём

Они́ спро́сят об э́том

(Вариа́нты: **ПН—5; ПС—1; БС—4, 3.**)

63. Отвеча́ть, Отве́тить (на что? кому́? что? когда́?)

Н. Я отвеча́ю	на вопро́с	**(1)**
Он отвеча́ет	на телегра́мму	
Мы отвеча́ем	на письмо́	
Вы отвеча́ете	на вопро́сы	
Они́ отвеча́ют	на пи́сьма	
ПН. Я отвеча́л	вам	**(2)**
Он отвеча́л	ей	
Мы отвеча́ли	ему́	

- - - - - - - - - - - - - - - - -

Она́ отвеча́ла	им	
Вы отвеча́ли	мне	
Они́ отвеча́ли	нам	
ПС. Я отве́тил	, что она́ там	**(3)**
Она́ отве́тила	, что ему́ всё равно́	
Мы отве́тили	, что сейча́с сли́шком по́здно	
Вы отве́тили	, что ещё ра́но	
Они́ отве́тили	, что он здесь	
БН. Я бу́ду отвеча́ть	ученику́	**(4)**
Он бу́дет отвеча́ть	учи́телю	
Мы бу́дем отвеча́ть	учени́це	
Вы бу́дете отвеча́ть	учителя́м	
Они́ бу́дут отвеча́ть	ученика́м	
БС. Я отве́чу	ско́ро	**(5)**
Он отве́тит	за́втра	
Мы отве́тим	че́рез неде́лю	
Вы отве́тите	че́рез час	
Они́ отве́тят	по́сле того́, что он прие́дет	

(Вариа́нты: **БС**—3; **ПС**—4, 1.)

64. Проси́ть, Попроси́ть (что? у кого́?—что? кого́? что?—когда́?)

Н. Я прошу́	стака́н воды́	**(1)**
Он про́сит	кусо́к хле́ба	
Мы про́сим	счёт	
Вы про́сите	ка́рточку	
Они́ про́сят	буты́лку пи́ва	

ПН. Я проси́л его́	, что́бы он прие́хал	**(2)**
Он проси́л его́	, что́бы он позвони́л	
Она́ проси́ла его́	, что́бы они́ не приезжа́ли	
Они́ проси́ли его́	, что́бы он не уходи́л	
Мой оте́ц проси́л его́	, что́бы он ушёл	

ПС. Я попроси́л	у вас до́ллар	**(3)**
Он попроси́л	у неё два до́ллара	
Мы попроси́ли	у него́ пять до́лларов	
Она́ попроси́ла	у них счёт	
Вы попроси́ли	у меня́ де́ньги	
Они́ попроси́ли	у нас чек	

БН. Я бу́ду проси́ть	моего́ учи́теля	**(4)**
Он бу́дет проси́ть	ва́шего бра́та	
Мы бу́дем проси́ть	на́шего до́ктора	
Вы бу́дете проси́ть	мои́х знако́мых	
Они́ бу́дут проси́ть	ва́ших друзе́й	

БС. Я попрошу́	его́ притти́ днём	**(5)**
Он попро́сит	её позвони́ть у́тром	
Она́ попро́сит	их не приезжа́ть за́втра	
Они́ попро́сят	вас не уходи́ть ра́но	
Мой друг попро́сит	его́ уйти́ скоре́й	

(Вариа́нты: ПС—1; БС—4, 2.)

65. Кýшать, Скýшать (как? когда? что?—с чем? где?)

Н. Я кýшаю   с аппетúтом   (1)

Он кýшает   мнóго

Мы кýшаем   довóльно мáло

Вы кýшаете   хорошó

Онú кýшают   немнóго

ПН. Я кýшал   ýтром   (2)

Онá кýшала   днём

Он кýшал   вéчером

Мы кýшали   в час

Онú кýшали   недáвно

ПС. Я скýшал   хлеб с мáслом   (3)

Он скýшал   сáндвич с ветчинóй

Мы скýшали   бутербрóд с сýром

Вы скýшали   рыбу с картóфелем

Онú скýшали   мя́со с макарóнами

БН. Я бýду кýшать   дóма   (4)

Он бýдет кýшать   в ресторáне

Мы бýдем кýшать   на вокзáле

Вы бýдете кýшать   внизý

Онú бýдут кýшать   в гостя́х

БС. Я скýшаю   кусóк хлéба   (5)

Онá скýшает   тарéлку сýпа

Мы скýшаем   немнóго сыра

Вы скýшаете   кусóк рóстбифа

Онú скýшают   два блю́да

(Варианты: Н—3; ПС—5.)

66. Знать, Узна́ть (что? кого? когда́?)

Н.	Я зна́ю	доро́гу (1)
	Он зна́ет	э́то ме́сто
	Мы зна́ем	э́тот го́род
	Вы зна́ете	э́ту дере́вню
	Они́ зна́ют	э́ту шко́лу
ПН.	Я знал	ва́шего дру́га (2)
	Он знал	его́ знако́мую
	Она́ зна́ла	её сестру́
	Мы зна́ли	их
	Вы зна́ли	их друзе́й
ПС.	Я узна́л	, где он живёт (3)
	Он узна́л	, когда́ они́ уезжа́ют
	Она́ узна́ла	, почему́ он не пришёл
	Мы узна́ли	, куда́ она́ пое́хала
	Они́ узна́ли	, отку́да они́ прие́хали
БС.	Я узна́ю	до ве́чера (4)
	Он узна́ет	ско́ро
	Мы узна́ем	че́рез неде́лю
	Вы узна́ете	че́рез день
	Они́ узна́ют	когда́-нибудь

(Вариа́нты: Н—3; ПН—1; ПС—2.)

67. Видеть, Увидеть   (что? кого? кого?—когда?)

Н. Я вижу	, что он занят	**(1)**
Он видит	, как он работает	
Мы видим	, почему это трудно	
Вы видите	, как они играют	
Они видят	, что он не понимает	

ПН. Я видел	новый пароход	**(2)**
Он видел	красивую картину	
Она видела	маленькую комнату	
Мы видели	большую школу	
Вы видели	старое здание	

ПС. Я увидел	нашего соседа	**(3)**
Он увидел	мою сестру	
Она увидела	вашу дочь	
Мы увидели	ваших учеников	
Они увидели	моих учениц	

БС. Я увижу	этого господина в понедельник	**(4)**
Он увидит	эту даму во вторник	
Мы увидим	их в пятницу	
Вы увидите	этих людей в воскресенье	
Они увидят	всех скоро	

(Варианты: ПН—1; ПС—2; Н—3.)

68. Жить (где? когда? как до́лго?)

Н. Я живу́	в большо́м го́роде	**(1)**
Он живёт	в ма́ленькой дере́вне	
Мы живём	в э́том зда́нии	
Вы живёте	на э́той у́лице	
Они́ живу́т	на второ́м этаже́	
ПН. Я жил там	давно́	**(2)**
Он жил там	год тому́ наза́д	
Она́ жила́ там	оди́н ме́сяц	
Мы жи́ли там	одну́ неде́лю	
Они́ жи́ли там	всё ле́то	
БН. Я бу́ду жить	у моего́ дру́га	**(3)**
Он бу́дет жить	о́коло э́того па́рка	
Мы бу́дем жить	ме́жду го́родом и мо́рем	
Вы бу́дете жить	с мои́м бра́том	
Они́ бу́дут жить	недалеко́ от дере́вни	

(Варианты: **Н—3; БН—1.**)

69. Иттѝ, Пойтѝ (чтобы ... откуда? от кого? куда? к кому?)

Н. Я иду завтракать в ресторан (1)

 Он идёт спать рано

 Мы идём купить билет

 Вы идёте опустить письмо

 Они идут чтобы достать чемодан

ПН. Я шёл из дома (2)

 Он шёл из конторы

 Она шла от доктора

 Мы шли с урока

 Вы шли с собрания

ПС. Я пошёл в магазин (3)

 Он пошёл в новую лавку

 Она пошла на урок

 Мы пошли направо

 Они пошли налево

БС. Я пойду к моему другу (4)

 Он пойдёт к вашей сестре

 Мы пойдём к её сыну

 Вы пойдёте к его знакомым

 Они пойдут к нашим друзьям

(Варианты: **Н—2; ПС—1; БС—3.**)

70. Éхать, Поéхать (к комý? как дóлго? как? кудá?)

Н. Я éду   к моемý товáрищу   **(1)**

Он éдет   к вáшей сестрé

Мы éдем   к рýсскому учителю

Вы éдете   из гóрода

Они éдут   из дерéвни

ПН. Я éхал   цéлый час   **(2)**

Он éхал   два часá

Онá éхала   пять часóв

Мы éхали   полчасá

Они éхали   двáдцать минýт

ПС. Я поéхал   на автомобиле   **(3)**

Он поéхал   на пóезде

Онá поéхала   на парохóде

Мы поéхали   на автóбусе

Вы поéхали   этим пóездом

БС. Я поéду   в гóрод   **(4)**

Он поéдет   в дерéвню

Мы поéдем   на мóре

Вы поéдете   на собрáние

Они поéдут   тудá

(Вариáнты: **Н—3; ПС—4; БС—1.**)

71. Ходи́ть   (куда́? к кому́? когда́? зачём? как?)

Н. Я хожу́   туда́   (1)

Он хо́дит   сюда́

Мы хо́дим   на рабо́ту

Вы хо́дите   в шко́лу

Они́ хо́дят   к его́ друзья́м

ПН. Я ходи́л туда́   ча́сто   (2)

Она́ ходи́ла туда́   ре́дко

Мы ходи́ли туда́   ка́ждый день

Вы ходи́ли туда́   по вто́рникам

Они́ ходи́ли туда́   пешко́м

БН. Я бу́ду ходи́ть   в конто́ру, что́бы рабо́тать   (3)

Он бу́дет ходи́ть   в класс, что́бы учи́ться

Мы бу́дем ходи́ть   в магази́н, что́бы покупа́ть ве́щи

Вы бу́дете ходи́ть   в го́спиталь, что́бы лечи́ться

Они́ бу́дут ходи́ть   на ле́кции, что́бы слу́шать курс

(Вариа́нты: **Н—3; БН—1.**)

72. Éздить (как? с кем? куда?)

Н. Я éзжу на автомобиле (1)

Он éздит на автóбусе

Мы éздим на трамвáе

Вы éздите на метрó

Они éздят на велосипéде

ПН. Я éздил с товáрищем (2)

Он éздил с сестрóй

Онá éздила с моим дрýгом

Мы éздили с нáшей знакóмой

Они éздили с егó родителями

БН. Я бýду éздить в нóвый магазин (3)

Он бýдет éздить в рýсскую шкóлу

Мы бýдем éздить к дóктору

Вы бýдете éздить на эту фáбрику

Они бýдут éздить на автомобильный завóд

(Вариáнты: **Н—2; ПН—3; БН—1.**)

Part IV

SELF-STUDY/ CLASSROOM WORKBOOK

The purpose of this section is to provide an opportunity for reviewing the practice drills given in Parts I, II, and III. Each numbered paragraph from the earlier portions of the book is partially reproduced here. However, you must supply the endings that have been omitted, or recall complete phrases on the basis of key words given in their place.

1. Я   здесь   2. У м_____   дом

     Он бы_____   тут   У в_____   сад

     Она буд_____   дома   У н_____   книга

     Мы   в классе   У н_____   тетрадь

     Вы был_____   в саду   У на_____   перо

     Они буд_____   на почте   У ни_____   место

3. У м_____   был билет

     У в_____   была программа

     У брат_____   было место

     У сестр_____   были деньги

     У отц_____   будет билет

     У мат_____   будут программы

4. У меня   нет   урок_____

     У вас   словар_____

     У него   карт_____

     У неё   не было   лекци_____

     У нас   собрани_____

     У них   врем_____

     У тебя   не будет   экзамен_____

5. М_____   холодно

     В_____   неприятно

     Е_____   трудно решить

     Е_____   21 год

     Брат_____   23 года

     Сестр_____   25 лет

6. В____   надо итти

И____   надо ехать

Ученик____   надо работать

Учениц____   надо было работать

Ученик____   надо будет работать

7. Я (*masc.*)   готов____

Он   рад____

Я был   здоров____

Он будет   довол____

8. Я (*fem.*)   готов____

Она   рад____

Она была   здоров____

Она будет   довольн____

9. Мы   готов____

Вы   рад____

Они были   здоров____

Они будут   **довольн**____

10. Мне   нуж____   карандаш

Вам   нуж____   бы____   конверт

Ему   нуж____   буд____   словарь

11. Ей   нуж____   комната

Нам   нуж____   бы____   квартира

Им   нуж____   буд____   мебель

12. Брату   нуж____   перо

Сестре нуж____   бы____   кресло

Тебе   нуж____   буд____   место

13. Почему   нуж_____   деньги

Зачем   нуж_____   бы_____   документы

Для чего   нуж_____   буд_____   бумаги

14. Я долж_____   работать

Я долж_____   бы_____

Я долж_____   буд_____   пойти

Он долж_____

Он долж_____   бы_____   поехать

Он долж_____   буд_____

Она долж_____   уйти

Она долж_____   бы_____

Она долж_____   буд_____   уехать

Мы долж_____

Мы долж_____   бы_____   спросить

Мы долж_____   буд_____

Вы долж_____   притти

Вы долж_____   бы_____

Вы долж_____   буд_____   приехать

Они долж_____

Они долж_____   бы_____   ответить

Они долж_____   буд_____

15. Я   (делать)*

Он   (слышать)

Мой брат   (решить)

Его друг   (сказать)

Этот человек   (знать)

* From this point on, key words are given to suggest the **complete phrases** that appeared earlier in the right-hand column.

16. Мы   (работать)

Они   (говорить)

Мои братья   (читать)

Его друзья   (жить)

Эти люди   (делать)

17. Я спросил   (он)

Он хочет знать   (ресторан)

Она спросила   (банк)

Мы не знаем   (учитель)

Вы спросили   (школа)

Они хотели знать (далеко)

18. Я иду   (шляпа)

Она пошла   (домой)

Он пойдёт   (к себе)

Я еду   (деньги)

Она поехала   (узнать)

Мы поедем   (поговорить)

19. Я хочу   (быть)

Учитель хочет   (работать)

Она не хотела   (знать)

Мы хотим   (сидеть)

Вы хотите   (рано)

Они не хотят   (так)

20. (написать)   он бы пришёл

(хотеть)   то они бы приехали

(позвонить)   она пришла бы

(забыть)   то они бы пришли

(поздно)   то он приехал бы

21. Я приехал до того   (уехать)

Мой брат пришёл до того   (уйти)

Она позвонила после того   (письмо)

Мы поговорили после того   (случиться)

Вы видели его перед тем   (поезд)

Они уехали перед тем   (пароход)

22. 12:	01		**23.** 12:	59
1:	02		1:	58
2:	03		2:	57
3:	05		3:	56
4:	10		4:	55
5:	15		5:	50
6:	20		6:	45
7:	25		7:	40
8:	30		8:	35
9:	(почти)		9:	(уже)
10:	(только)		10:	(почти)
11:	(уже)		11:	(только)

24. Там   (дом)

Вот   (автомобиль)

Это   (комната)

Здесь   (сад)

Направо   (школа)

Налево   (столовая)

25. На столе   (план)

Там   (карта)

Где находится   (копия)

У нас есть   (расписание)

Здесь   (список)

26. Я иду туда   (завтрак)

Он идёт   (обед)

Он едет   (сестра)

Мы едем   (пальто)

Она пришла   (она)

Мы приехали   (они)

Можно поехать   (поговорить)

27. Я ехал   (доктор)

Он шёл   (час)

Мы ехали   (деревня)

Они шли   (река)

28. Я работаю   (дядя)

Он работает   (понедельник)

Мы работаем   (почта)

Я работал   (поле)

Вы работали   (воскресенье)

Я буду работать   (неделя)

29. Сегодня нет   (урок)

Вчера не было   (газета)

Завтра не будет   (лекция)

Утром нет   (сочинение)

Днём не было   (уроки)

Вечером не будет   (газеты)

Я не читал   (лекции)

Мы не читали   (сочинения)

Spring is here!Explore the Library's collections on gardening, landscape, and outdoor activities. Your library card is the best value in town,Use it!

Circulation system messages:
Patron status is ok.

Title: Basic structure practice in Russian
ID: 31170002766602
Due: 05/31/2019 23:59:59

Total items: 1
5/10/2019 6:42 PM
Checked out: 6
Overdue: 0
Hold requests: 0
Ready for pickup: 0

Remember to sign up for Email Notification.

Please remember Overdue fines for DvDs, Blu-Rays, and Videogames are $1.50 a day

30. Он купил   (костюм)

Он принёс   (конверт)

Он достал   (хлеб)

Он взял   (словарь)

Она купила   (книга)

Она принесла   (тетрадь)

Она достала   (вино)

Она взяла   (стаканы)

Я куплю   (словари)

Он принесёт   (карандаши)

Мы достанем   (книги)

Они возьмут   (вещи)

31. Он слушается   (я)

Она избегает   (он)

Они боятся   (она)

Это не касается   (мы)

32. Я приехал   (март)

Он уехал   (апрель)

Она уехала   (май, 1956)

Они приехали   (июнь)

Я приеду   (2)

Он приедет   (5)

Мы уедем   (10)

Они уедут   (3)

Он вернётся   (4)

33. Сегодня   (1 окт.)

     Вчера было   (9 авг.)

     Завтра будет   (5 янв.)

34. Я пишу   (брат)

     Она дала книгу   (друг)

     Мы заплатили   (учитель)

     Он сказал это   (сестра)

     Они помогли   (ученики)

     Не мешайте   (люди)

35. Он отвечает   (он)

     Это принадлежит   (она)

     Он подарил книгу   (они)

     Они напомнили   (мы)

     Он хочет посоветовать (вы)

     Надо напомнить   (ты)

36. Я иду   (брат)

     Он едет   (приятель)

     Она пошла   (река)

     Он поехал   (станция)

     Она поехала   (озеро)

     Мы пошли   (море)

     Я пойду   (здание)

37. Я иду   (бульвар)

     Он ходит   (улица)

     Я еду   (шоссе)

     Он ездит   (дорога)

     Он шёл   (друг)

     Я ходил   (сестра)

     Он пойдёт   (доктор)

38. Он работает   (понедельник)

Я прихожу   (вторник)

Она приезжает   (среда)

Мы отдыхаем   (четверг)

Они играют   (пятница)

Вы не работаете   (суббота)

Я работал   (воскресенье)

Он будет работать   (утро)

39. Приходите   (1)

Приезжайте   (3)

Пусть он придёт   (2)

Пусть они приедут (8)

Я вернулся   (завтрак)

Мы вернёмся   (ужин)

40. Он знает   (магазин)

Они любят   (ученик)

Он ищет   (дама)

Вы видели   (улица)

Она знала   (дорога)

Вы нашли   (школа)

Он увидел   (церковь)

Он увидит   (я)

Она найдёт   (они)

41. Я читаю   (книги)

Он послал   (тетради)

Она нашла   (упражнения)

Мы получили   (письма)

Я прочитал   (инструкции)

Они получили   (газеты)

42. Я говорю   (экзамены)

   Он пишет   (ученики)

   Я говорил   (ученицы)

   Он писал   (собрания)

   Она написала   (вы)

   Он напишет   (мы)

   Мы напишем   (они)

43. Я иду   (банк)

   Я еду   (город)

   Она поехала   (улица)

   Мой друг пошёл   (деревня)

   Сестра поехала   (станция)

   Он поедет   (здание)

44. Я кладу это   (стол)

   Они положили это   (словарь)

   Мы положим это   (книга)

   Положите это   (письмо)

   Не кладите это   (газета)

45. Я работал   (год)

   Мы жили там   (месяц)

   Он провёл там   (февраль)

   Они будут жить здесь   (неделя)

   Вы будете работать   (время)

   Она проведёт там   (зима)

46. Я пришёл   (на)

     Он приехал   (до)

     Мы приедем   (через)

     Они приедут   (вторник)

     Я приду   (среда)

     Они ушли   (минута)

     Она ушла   (20)

     Вы уедете   (воскресенье)

47. План закончен   (друг)

     Работа начата   (компания)

     Дело начато   (он)

     Работа закончена   (вы)

     Газеты получены   (я)

     Книги были изданы   (мы)

48. Я живу   (они)

     Он живёт   (госпиталь)

     Мы работаем   (лес, поле)

     Они работали   (крыша)

     Вы жили   (площадь)

49. Я прихожу   (брат)

     Он приходит   (учитель)

     Вы приходите   (газета)

     Они приходят   (завтрак)

     Я приезжаю   (сестра)

     Она приезжает   (ученики)

     Мы приезжаем   (деньги)

50. Он был   (ученик)

   Он стал   (директор)

   Он сделался   (человек)

51. Он правил   (русский)

   Он управлял   (американский)

   Он командовал   (английский)

52. Я написал это   (утро)

   Он прочитал это   (день)

   Мы были там   (вечер)

   Вы работали   (ночь)

   Я приехал   (весна)

   Они уехали   (лето)

   Он будет там   (осень)

   Они будут там   (зима)

53. Он рассказал   (случай)

   Я слышал   (доклад)

   Он вспомнил   (экзамен)

   Она говорила   (пьеса)

   Мы думали   (вещь)

   Я расскажу   (письмо)

   Мы напомнили   (ученики)

   Они напишут   (вы)

   Можно напомнить   (они)

   Надо написать   (она)

54. Я живу   (школа)

Этот ресторан   (завод)

Наша контора   (фабрика)

55. Он сказал это   (учитель)

Она повторила всё   (случай)

Они рассказали об этом   (свидетели)

Скажите это   (я)

Повторите это   (мы)

Расскажите об этом   (они)

56. Я жду его   (город)

Он ждал их   (сад)

Я встретил его   (комната)

Она видела меня   (контора)

Он был   (улица)

Он работал   (завод)

Вы встретили нас   (вокзал)

Они встретились   (фабрика)

Мы виделись   (почта)

Он будет   (станция)

Мы будем работать   (5 миль)

57. Он приехал   (прошлая)

Она уехала   (эта)

Это случилось   (май)

Я вернулся   (август)

Они женились   (1956)

58. Читать, Прочитать

Н. Я читаю   (журнал)   **(1)**

    Он   (книга)

    Мы   (письмо)

    Вы   (газета)

    Они   (рассказы)

ПН. Я читал   (друг)   **(2)**

    Он   (сын)

    Мы   (знакомая)

    Вы   (подруга)

    Они   (дети)

ПС. Я прочитал   (письмо)   **(3)**

    Она   (книга)

    Мы   (рассказ)

    Вы   (письма)

    Они   (открытки)

БН. Я буду читать   (Россия)   **(4)**

    Он   (Америка)

    Мы   (Москва)

    Вы   (это)

    Они   (всё)

БС. Я прочитаю это (завтра)   **(5)**

    Он   (сегодня)

    Мы   (понедельник)

    Вы   (вторник)

    Они   (среда)

59. Писать, Написать

Н. Я пишу   (письмо)   **(1)**
Он   (рассказ)
Мы   (книга)
Вы   (адреса)
Они   (упражнения)

ПН. Я писал   (доктор)   **(2)**
Он   (учительница)
Мы   (друг)
Вы   (знакомый)
Они   (сестра)

ПС. Я написал   (жить)   **(3)**
Ты   (приехать)
Мы   (притти)
Вы   (делать)
Они   (не беспокоиться)

БН. Я буду писать   (Вашингтон)   **(4)**
Он   (Киев)
Мы   (Россия)
Вы   (дом)
Они   (туда)

БС. Я напишу   (вы)   **(5)**
Он   (она)
Мы   (он)
— — — — — — — — — — —
Она   (они)
Вы   (я)
Они   (мы)

60. Говорить, Поговорить

Н.	Я говорю	(письмо)	**(1)**
	Мой	(работа)	
	Мы	(город)	
	Вы	(квартиры)	
	Они	(дети)	
ПН.	Я говорил	(там)	**(2)**
	Он	(здесь)	
	Мы	(тут)	
	Вы	(вечер)	
	Они	(дом)	
ПС.	Я поговорил	(вы)	**(3)**
	Он	(она)	
	Мы	(он)	

— — — — — — — — — — — —

Она	(они)
Вы	(я)
Они	(мы)

БН.	Я буду говорить	(русский)	**(4)**
	Она	(английский)	
	Мы	(французский)	
	Вы	(немецкий)	
	Они	(испанский)	
БС.	Я поговорю с ним	(сегодня)	**(5)**
	Он	(скоро)	
	Мы	(завтра)	
	Вы	(обед)	
	Они	(ужин)	

61. Говорить, Сказать

Н. Я говорю (правда) **(1)**

Он (надо)

Мы (это)

Вы (неправда)

Они (то же)

ПН. Я говорил (знакомый) **(2)**

Он (сын)

Мы (друг)

Вы (рабочие)

Они (соседи)

ПС. Я сказал ему (притти) **(3)**

Она (приходить)

Мы (приехать)

Вы (приезжать)

Они (позвонить)

БН. Я буду говорить им (что) **(4)**

Он (как)

Мы (куда)

Вы (как надо)

Они (нужно)

БС. Я скажу ему (притти) **(5)**

Моя (приехать)

Мы (поехать)

Вы (подождать)

Они (пойти)

62. Спрашивать, Спросить

Н.	Я спрашиваю	(знать)	(1)
	Он	(ехать)	
	Мы	(итти)	
	Вы	(пойти)	
	Они	(помнить)	

ПН.	Я спрашивал	(суббота)	(2)
	Он	(вторник)	
	Мы	(утро)	

- - - - - - - - - - - - - - - -

	Она	(день)	
	Вы	(вчера)	
	Они	(вечер)	

ПС.	Я спросил	(жить)	(3)
	Он	(поезд)	
	Мы	(ничего)	
	Вы	(стоить)	
	Они	(фамилия)	

БН.	Я буду спрашивать	(учитель)	(4)
	Он	(ученик)	
	Мы	(профессор)	
	Вы	(ученики)	
	Они	(учителя)	

БС.	Я спрошу	(паспорт)	(5)
	Он	(виза)	
	Мы	(документ)	
	Вы	(всё)	
	Они	(это)	

63. Отвечать, Ответить

Н.	Я отвечаю	(вопрос)	**(1)**
	Он	(телеграмма)	
	Мы	(письмо)	
	Вы	(вопросы)	
	Они	(письма)	
ПН.	Я отвечал	(вы)	**(2)**
	Он	(она)	
	Мы	(он)	
	Она	(они)	
	Вы	(я)	
	Они	(мы)	
ПС.	Я ответил	(там)	**(3)**
	Она	(всё равно)	
	Мы	(поздно)	
	Вы	(рано)	
	Они	(здесь)	
БН.	Я буду отвечать	(ученик)	**(4)**
	Он	(учитель)	
	Мы	(ученица)	
	Вы	(учителя)	
	Они	(ученики)	
БС.	Я отвечу	(скоро)	**(5)**
	Он	(завтра)	
	Мы	(неделя)	
	Вы	(час)	
	Они	(приехать)	

64. Просить, Попросить

Н.	Я прошу	(стакан)	**(1)**
	Он	(кусок)	
	Мы	(счёт)	
	Вы	(карточка)	
	Они	(бутылка)	
ПН.	Я просил его	(приехать)	**(2)**
	Он	(позвонить)	
	Она	(приезжать)	
	Они	(уходить)	
	Мой	(уйти)	
ПС.	Я попросил	(доллар)	**(3)**
	Он	(два)	
	Мы	(пять)	
	Она	(счёт)	
	Вы	(деньги)	
	Они	(чек)	
БН.	Я буду просить	(учитель)	**(4)**
	Он	(брат)	
	Мы	(доктор)	
	Вы	(знакомые)	
	Они	(друзья)	
БС.	Я попрошу	(притти)	**(5)**
	Он	(позвонить)	
	Она	(приезжать)	
	Они	(уходить)	
	Мой	(уйти)	

65. Кушать, Скушать

Н.	Я кушаю	(аппетит)	**(1)**
	Он	(много)	
	Мы	(мало)	
	Вы	(хорошо)	
	Они	(немного)	
ПН.	Я кушал	(утро)	**(2)**
	Она	(день)	
	Он	(вечер)	
	Мы	(час)	
	Они	(недавно)	
ПС.	Я скушал	(хлеб)	**(3)**
	Он	(сандвич)	
	Мы	(бутерброд)	
	Вы	(рыба)	
	Они	(мясо)	
БН.	Я буду кушать	(дома)	**(4)**
	Он	(ресторан)	
	Мы	(вокзал)	
	Вы	(внизу)	
	Они	(гости)	
БС.	Я скушаю	(хлеб)	**(5)**
	Она	(суп)	
	Мы	(сыр)	
	Вы	(ростбиф)	
	Они	(блюдо)	

66. Знать, Узнать

Н. Я знаю   (дорога)   **(1)**

     Он   (место)

     Мы   (город)

     Вы   (деревня)

     Они   (школа)

ПН. Я знал   (друг)   **(2)**

     Он   (знакомая)

     Она   (сестра)

     Мы   (они)

     Вы   (друзья)

ПС. Я узнал   (жить)   **(3)**

     Он   (уезжать)

     Она   (притти)

     Мы   (поехать)

     Они   (приехать)

БС. Я узнаю   (вечер)   **(4)**

     Он   (скоро)

     Мы   (неделя)

     Вы   (день)

     Они   (когда-нибудь)

67. Видеть, Увидеть

Н. Я вижу   (занят)   **(1)**

      Он   (работать)

      Мы   (трудно)

      Вы   (играть)

      Они   (понимать)

ПН. Я видел   (пароход)   **(2)**

      Он   (картина)

      Она   (комната)

      Мы   (школа)

      Вы   (здание)

ПС. Я увидел   (сосед)   **(3)**

      Он   (сестра)

      Она   (дочь)

      Мы   (ученики)

      Они   (ученицы)

БС. Я увижу   (господин)   **(4)**

      Он   (дама)

      Мы   (они)

      Вы   (люди)

      Они   (все)

68. Жить

Н. Я живу   (город)   **(1)**

   Он   (деревня)

   Мы   (здание)

   Вы   (улица)

   Они   (этаж)

ПН. Я жил там   (давно)   **(2)**

   Он   (год)

   Она   (месяц)

   Мы   (неделя)

   Они   (лето)

БН. Я буду жить   (друг)   **(3)**

   Он   (парк)

   Мы   (город, море)

   Вы   (брат)

   Они   (деревня)

69. Итти, Пойти

Н.	Я иду	(ресторан)	**(1)**
	Он	(рано)	
	Мы	(билет)	
	Вы	(письмо)	
	Они	(чемодан)	
ПН.	Я шёл	(дом)	**(2)**
	Он	(контора)	
	Она	(доктор)	
	Мы	(урок)	
	Вы	(собрание)	
ПС.	Я пошёл	(магазин)	**(3)**
	Он	(лавка)	
	Она	(урок)	
	Мы	(направо)	
	Они	(налево)	
БС.	Я пойду	(друг)	**(4)**
	Он	(сестра)	
	Мы	(сын)	
	Вы	(знакомые)	
	Они	(друзья)	

70. Ехать, Поехать

Н. Я еду	(товарищ)	**(1)**
Он	(сестра)	
Мы	(учитель)	
Вы	(город)	
Они	(деревня)	
ПН. Я ехал	(час)	**(2)**
Он	(два)	
Она	(пять)	
Мы	(пол-)	
Они	(двадцать)	
ПС. Я поехал	(автомобиль)	**(3)**
Он	(поезд)	
Она	(пароход)	
Мы	(автобус)	
Вы	(этот поезд)	
БС. Я поеду	(город)	**(4)**
Он	(деревня)	
Мы	(море)	
Вы	(собрание)	
Они	(туда)	

71. Ходить

Н. Я хожу   (туда)   **(1)**

     Он   (сюда)

     Мы   (работа)

     Вы   (школа)

     Они   (друзья)

ПН. Я ходил туда   (часто)   **(2)**

     Она   (редко)

     Мы   (день)

     Вы   (вторник)

     Они   (пешком)

БН. Я буду ходить   (контора)   **(3)**

     Он   (класс)

     Мы   (магазин)

     Вы   (госпиталь)

     Они   (лекции)

72. Ездить

Н. Я езжу   (автомобиль)   **(1)**

Он   (автобус)

Мы   (трамвай)

Вы   (метро)

Они   (велосипед)

ПН. Я ездил   (товарищ)   **(2)**

Он   (сестра)

Она   (друг)

Мы   (знакомая)

Они   (родители)

БН. Я буду ездить   (магазин)   **(3)**

Он   (школа)

Мы   (доктор)

Вы   (фабрика)

Они   (завод)

GLOSSARY

беспокóиться   to worry
билéт   ticket
бóлен   sick
боя́ться   to be afraid
бутербрóд   sandwich
велосипéд   bicycle
вéчер   evening; party, gathering (in the evening)
ви́за   visa
возвращáться, вернýться   to return (*intrans.*)
всё равнó   it's all the same, it does not matter
вспоминáть, вспóмнить   to recall, to remember
дéло   business, work; matter
доклáд   report
довóлен   pleased
доставáть, достáть   to get, to fetch
дя́дя   uncle
жени́ться   to marry
завéдовать   to be in charge of
зачéм   what for, why
звони́ть, позвони́ть   to telephone; to ring
здорóв   well, healthy
избегáть, избежáть   to avoid
издавáть, издáть   to publish
кáрточка   menu; card; photograph
касáться   to concern
когдá-нибудь   sometime; anytime
кóпия   copy
кры́ша   roof
лáвка   shop, store (small)
лéкция   lecture
лéтний   summer (*adj.*)
лечи́ться, вы́лечиться   to get treatment, to get cured
метрó   subway
мешáть, помешáть   to disturb, to bother, to hinder
напоминáть, напóмнить   to remind

недáвно   lately
непремéнно   without fail
опустúть письмó   to mail a letter
откры́тка   postcard
парохóд   ship, steamer
пúво   beer
по-испáнски   Spanish, in Spanish
по-немéцки   German, in German
по-францу́зски   French, in French
пóезд   train
половúна   half
пóчта   post office
прáвить   to drive (*trans.*)
принадлежáть   to belong
проводúть, провестú   to spend (time)
пугáться, испугáться   to get frightened
пусть   let . . . (him, her, them)
пьéса   play
расписáние   time table
свидéтель   witness
случáться, случúться   to happen
слу́шаться, послу́шаться   to obey
собрáние   meeting, gathering
совéтовать, посовéтовать   to advise
сочинéние   composition
спúсок   list
становúться, стать   to become
счёт   check, bill
танк   tank (army)
тётя   aunt
управля́ть   to drive, to steer; to rule
цéрковь   church
чёк   check
чемодáн   suitcase
чéстный   honest
чéтверть   quarter
шоссé   highway